Hernán López de Yanguas

Farsa turquesana

Barcelona **2024**
Linkgua-ediciones.com

Créditos

Título original: Farsa turquesana.

© 2024, Red ediciones S.L.

e-mail: info@linkgua.com

Diseño de cubierta: Michel Mallard

ISBN rústica: 978-84-9816-258-5.
ISBN ebook: 978-84-9953-148-9.

Cualquier forma de reproducción, distribución, comunicación pública o transformación de esta obra solo puede ser realizada con la autorización de sus titulares, salvo excepción prevista por la ley. Diríjase a CEDRO (Centro Español de Derechos Reprográficos, www.cedro.org) si necesita fotocopiar, escanear o hacer copias digitales de algún fragmento de esta obra.

Sumario

Créditos _____ **4**

Brevísima presentación _____ **7**
   La vida _____ 7

Personajes _____ **8**

Farsa dicha turquesana contra el Turco muy galana _____ **9**

Acto I _____ **11**

Acto II _____ **19**

Acto III _____ **27**

Acto IV _____ **35**

Acto V _____ **41**

Libros a la carta _____ **53**

Brevísima presentación

La vida
Hernán Lopez de Yanguas (Soria, c. 1470-1540). España.
Fue maestro y sacerdote. Se le considera el padre literario de los autos sacramentales.

Personajes

Turco
Mahometo
Jerónimo
Gregorio
Un Ángel
Un Bachiller
Agustín

Farsa dicha turquesana contra el Turco muy galana

Obra nuevamente compuesta por Hernán López de Yanguas, llamada Turquesana, sobre la carta que escribió el soberbio Turco a nuestro muy santo padre Clemente VII.

Obra nuevamente compuesta por Hernán López de Yanguas, llamada Turquesana, sobre la carta que escribió el soberbio Turco a nuestro muy santo padre Clemente VII, muy bien ordenada y muy aplacible para representar, la cual se divide en cinco pasos o actos. El primero se introduce el Turco y su correo, llamado Mahometo. En el II el mismo Mahometo y dos pastores llamados Pelayo y Silvano. En el III el mismo Mahometo y el Papa, llamado Clemente y su alférez, dicho Esfuerzo, y otro correo del Papa, cuyo nombre es Diligente. En el IIII Clemente y Carlo, que es el Emperador, y Esfuerzo y Diligente. En el V y último, los dos correos y el Emperador y el Papa y su alférez.
La materia desta obra es burlar de la soberbia del Turco y alabar a la discreción del Papa y sublimar nuestra fe y ensalzar el ánimo del Emperador nuestro señor. Van asimismo tres cartas, la que escribió el Turco al Papa y la respuesta, con otra que el Santo Padre envió al Emperador. Dirigida al muy magnífico señor don Diego de la Cueva, comendador de Castilnovo.
El Turco entrará muy soberbio, vestido a la morisca con el brazo derecho desnudo, salvo que tenga manga de camisa, y su espada ceñida, la carta en la mano, hablando a solas; su correo ha de ser negro; los pastores como pastores; el Papa como papa; el Emperador como emperador; el alférez a la salida cuando salga ha de salir delante con su bandera, según la obra lo dará bien a entender.
Y porque nada no se dude ni se yerre, los nombres se entenderán como yo declaro: por T., el Turco; por C., Clemente; por M., Mahometo; por D., Diligente; por P., Pelayo; por Y., Esfuerzo; por S., Silvano; por K., Carlo.

(Introito y argumento, que dice un pastor, cualquier de los dos.)

Los que estáis en el alarde,

Dios os guarde,
porque me paso de largo,
ya me olvidaba el cargo
que me dieron la otra tarde:
aquí verná cierta gente,
—Diligente,
no digáis que no os lo digo—;
envían a decir conmigo
que calléis primeramente,
porque son grandes señores,
y aun pastores,
y también habrá correos;
tienen muy fuertes deseos
de mostrar bien sus primores;
de su parte os digo y ruego,
a sangre y fuego,
que los oíais y calléis,
y que a mí me perdonéis,
porque me salgo del juego.

Acto I

(Interlocutores: el Turco y Mahometo. El Turco a solas.)

Turco   Mis grandes fuerzas y mañas,
a todo el mundo notorias,
mis sublimadas hazañas,
mis infinitas victorias,
quieren ya
quel santo nombre de Alá
y del profeta Mahoma
suene acá y acullá,
sin que más se nombre Roma.
Ya la puerta
de claro en claro está abierta
para mis victorias todas:
¿qué victoria será incierta,
pues salí con la de Rodas?
Y, pues siento
darme Alá del cielo aliento
y la fortuna me sobra,
quiero a Roma dar un tiento,
ponello luego por obra.
Son bastantes
mis fieros pasavolantes,
mis lombardas y trabucos
dromedarios y elefantes,
con gente de mamelucos
para entrar,
batir y desportillar
todo el cielo por combate,
cuanto más a sujetar
diez mil mundos a remate.
Bien sería

      pues ya soy puesto en Hungría
      y en tierra de venecianos
      decepar esta herejía
      en que viven los cristianos.
      Y sabrán
      por textos del Alcorán
      nuestro Mahoma quién fue;
      no menos alcanzarán
      ques todo burla su fe.

Turco   Amurates y Solmano
      Calapino y Mahometo,
      de cuya casta yo mano
      tuvieron este respecto.
      Destos todos,
      por mil maneras y modos
      puedo yo tener jactancia
      más que España de sus godos
      ni de su Carlos la Francia;
      pero, ¡andar!,
      muy ruin cosa es estribar
      en hechos de antecesores,
      sino siempre procurar
      de los hacer muy mayores;
      para en esto,
      quiero despachar de presto,
      antes que de aquí me parta,
      un cursor que vaya puesto
      en el aire con mi carta;
      que no coma
      hasta dar consigo en Roma;
      no sé cuál es el mejor
      si es Mahometo o Mahoma,
      Abenragel o Almanzor.

	Sea quien fuere,
	el primero que viniere
	quiero enviar con la demanda.
	¡Ha, cursores!

Mahometo   ¿Qué nos quiere?
           Quiero yo saber qué manda.

Turco   ¿Dónde estáis?

Mahometo   ¿Qué es lo que, señor, mandáis?

Turco   ¿Quién eres tú?

Mahometo   Mahometo.

Turco   No sé por dónde os andáis:
           ven acá, tenme secreto.
           Yo querría
           que tomes luego la vía
           derecha al pueblo romano
           y des esta carta mía
           al gran alfaquí cristiano.
           Quiero veas
           lo que en ella va y la leas,
           porque a mí me satisface.

Mahometo   Pues lo mandas y deseas,
           gran señor, a mí me place.

Turco   ¡Leila, di!

Mahometo   «Yo, el gran vencedor turquí,
           señor de Jerusalén

y del monte Sinaí
y de sus tierras también,
imperante
de las partes de Levante
que son en Asia Mayor,
invictísimo, triunfante
de toda el Asia Menor,
cuya gavia
tiene sujeta el Arabia,
con poblados y desiertos,
y a Palestina la sabia,
y las Frigias con sus puertos;
la justicia
de quien conserva Fenicia,
Persia y Siria y Babilonia,
Bitinia, Egipto, Cilicia,
Antioquia y Macedonia;
en la gracia
de quien vive toda Tracia,
Panfilia con Capadocia,
Acaya, Libia y Galacia,
Etolia, Arcadia con Gocia;
a quien precia,
por superior toda Grecia,
Ponto y Scitia y Septentrión,
a quien tampoco desprecia
África en el Meridión;
los pendones
de quien en todas regiones
andan en cuerno de Luna
y a Rodas y sus rincones
con Hungría le da fortuna;
presumí
a vos, cristiano alfaquí,

dicho séptimo Clemente,
escribiros desde aquí,
de Belgrado, la presente,
por la cùal,
si place a Alá celestial
y a su profeta Mahoma,
pensamos, por vuestro mal,
ser con vos muy presto en Roma,
a quitaros
de la silla y despojaros
del mando y voz que tenéis
y quise en ésta avisaros
porque después no os quejéis;
que, en verdad,
mi sobrada potestad
no os quiere tomar de salto,
sino daros facultad
para que no quedéis falto;
quiero ver
cuán grande es vuestro poder,
y de vuestros valedores,
y para qué pueden ser
vuestros reyes y emperadores.
La razón
que me pone en corazón
que enderece allá mi fusta
es tener cierta opinión
que tengo causa muy justa;
pues Alá
tantas victorias me da
contino contra cristianos,
claro a los ciegos está
que tenéis ley de profanos,
y pensamos

con la empresa que llevamos
de vuestros templos y ermitas
al profeta que adoramos
hacelle ricas mezquitas,
porque el nombre
de Cristo, vuestro Dios hombre,
nadie le tenga en la boca
y de pensallo se asombre
donde mi potencia toca;
y pues pienso
placiendo a aquel Alá inmenso,
será lo que escribo así;
lo que resta, por extenso
se dirá de vos a mí.
De Belgrado,
donde quedo aposentado
a veinte del cuento nuestro
año de mi principado
y del perdimiento vuestro.»

Turco   ¿Hasla vido?

Mahometo   Sí, señor, ya la he leído.

Turco   ¿Ay falta en el escrebir?

Mahometo   En cuanto yo he conocido,
señor, no ay más que pedir.

Turco   Vete, pues.

Mahometo   Señor, yo beso tus pies.

Turco   No vengas sin la respuesta.

Mahometo   Si Alá no me da revés
            será mi vuelta muy presta.

Turco   Yo me voy
            a retraerme por hoy;
            mandaré pagar mi gente,
            para que sepan quién soy
            en las partes de Occidente.
            Mis letrados,
            en esto están concertados
            por arte de astrología,
            que los planetas y hados
            me ofrecen la monarquía.

Acto II

(Interlocutores: Mahometo, Pelayo, Silvano.)

Mahometo   El camino
                   da fatiga de contino,
                   mayormente si es muy luengo
                   pero, si no desatino,
                   muy cerca de Roma vengo.
                   ¡Ha, pastores,
                   questáis en estos altores!
                   ¿Qué hacéis en estos prados?

Pelayo   Holgamos entrestas flores
                   mientra pacen los ganados.

Mahometo   Sin carcoma,
                   decime dónde está Roma
                   y cuán lejos podrá ser.

Silvano   Dencima aquell otra loma
                   la podéis muy clara ver

Mahometo   Bien está,
                   muchas gracias doy a Alá.

Pelayo   Di ¿por qué llevas corneta?,
                   que hartas verás allá.

Mahometo   Soy cursor del mahometa.

Silvano   ¿Quién te envía?

Mahometo   El Turco y voy a porfía,

Pelayo	por estos cerros y llanos. ¿A dó enderezas la vía?
Mahometo	All alfaquí de cristianos, al cual llevo aquestas cartas de nuevo, no por más de apercebillo, para que sepa el mancebo que el Turco va a destruillo.
Silvano	Malos años con hadas negras y daños que os vengan a él y a vos.
Mahometo	Estoy en reinos extraños: amigos, quedaos a Dios.
Pelayo	¿His huyendo? ¡Juri a mí, que yo os entiendo, don Cara de Escarabajo! ¡Esperá, no vais corriendo, daros hemos un tasajo!
Silvano	¿No has sentido, el puto negro curtido, cuál llegó corriendo al trote?
Pelayo	¡Quién le diera tras el oído, con su porra un papirote!
Silvano	Digo, ¡hao!, ¿qué sientes de aquel «fao, fao» del Turco y su presunción?

Pelayo	Questimo más mi zurrón que todo su barranbao. Es un bruto, puerco cevil, disoluto.
Silvano	Es un nuevo Lucifer.
Pelayo	Es un hideputa puto.
Silvano	De ruin casta debe ser.
Pelayo	Un bellaco, muy mayor ladrón que Caco.
Silvano	Dios le dé su maldición, pues hoza como berraco la sagrada religión.
Pelayo	Tú sabrás ques hijo de Satanás, según por obras se ha visto, porque todo su compás es perseguir los de Cristo.
Silvano	¿Por ventura, no miraste el escritura que llevaba el vil guineo? ¡Guste tamaña tristura que la vida no deseo!
Pelayo	Tengo afán por ver tanto rabadán bohordando en sus majadas

	y dejar comer su pan
a bestias descomulgadas.
Silvano	A mi ver
todo se va ya a perder:
sácolo porque, entre nós,
maldito aquél, que ha placer
morir por la fe de Dios.
Pelayo	La alcábala
siempre crece enoramala,
ciento a ciento y cuento a cuento,
mas la fe, si Dios me vala,
descrece con cada viento.
Y por tanto
osa poner en espanto
este bestial fanfarrón
con su carta al Padre Santo
y a Roma en alteración.
Silvano	Bien lo veo
quesa es su tos y deseo.
Pelayo	Con ella se ahogará;
pero nunca Dios querrá
que se pierda el Coliseo.
Silvano	Yo presumo
que se tornará en humo
el fuego que agora enciende
y sacará poco zumo
de lo que tentar emprende.
Pelayo	Quien podría

| | embarazalle la vía
ocúpase en otras ferias,
por donde, de cada día,
se doblan nuestras miserias. |

| Silvano | Claro vemos
quen nuestros propios extremos,
por una negra jactancia,
los italianos tenemos
barato con los de Francia,
de manera
questa bestia, aunque no quiera
ha por fuerza de pensar
que su pendón y bandera
al mundo ha de sujetar. |

| Pelayo | ¿Quies que hable?
La Fortuna es tan mudable
que ¡juro al non de san Pablo!,
que jamás fue tan estable
que no obrase algún milagro. |

| Silvano | Yo no dudo,
puesto que soy tosco y rudo,
sabiendo que nunca queda,
sino queste cabezudo
ha de baquear la rueda. |

| Pelayo | Yo sé bien,
de más de diez y aun de cien
que por perversos inicuos
les hizo con gran desdén
venir a dar de hocicos. |

Silvano   ¿Quién mayor
                   que Nabucodonosor
                   que, por hacerse adorar,
                   como bestia, y aun peor,
                   por los montes vino a andar?

Pelayo   Si disciernes
                   poco menos fue Olofernes
                   en batallar y vencer
                   mas una noche de viernes
                   degollóle una mujer.

Silvano   Dime, hermano,
                   ¿quién tan grande y tan ufano
                   como César en sus hadas?;
                   mas el senado romano
                   le dio en fin de puñaladas.

Pelayo   Conclusión:
                   ¿quién su par, de Faraón?
                   y cuando al Pueblo siguió,
                   para mayor perdición,
                   su gente y él se ahogó.

Silvano   Por san Pero,
                   que este lobo carnicero
                   que por sangre nuestra rabia,
                   que cuido y así lo espero,
                   que ha de malograr su Arabia;
                   porque Pedro
                   tiene cabaña de cedro,
                   no querrá perder tal pieza,
                   causando que vaya riedro,
                   las manos en la cabeza.

Pelayo	¿Quies que diga? Dende aquí le do una higa so mi capa entre las cejas.
Silvano	Dios le dé mucha fatiga y guarde nuestras ovejas.
Pelayo	Bien será. ¡Mía fe, que nos vamos ya, porque van muy descarriadas!
Silvano	¡Anda pues, Pelayo, allá! ¡Vamos a nuestras majadas!

Acto III

(Interlocutores: Mahometo, Esfuerzo, Clemente, Diligente.)

Mahometo	Mil loores a Alá, pues de los pastores me libro y de su carcoma. ¡Qué prados verdes! ¡Qué flores! Ésta debe de ser Roma. Claras veo las torres del Coliseo; quiero tocar mi corneta, pues de bote y de boleo he corrido mi posteta. Sin parar quiero luego pesquisar dónde está aquél que yo busco, porque es tan grande lugar quen forma en vello me ofusco. Hombre, di: ¿Dónde vive el alfaquí principal de los cristianos?
Esfuerzo	Ése es, que está cabe ti.
Mahometo	Yo, señor, beso tus manos. Soy cursor del Gran Turco, mi señor, questá en el reino de Hungría el cual, con sobra de amor, aquesta carta te envía.
Clemente	Seas venido en buen hora; vete a reposar agora,

	dente posada dispuesta;
	la vuelta sea de aquí un hora,
	darte he della la respuesta.

Mahometo   Soy contento,
                yo me voy al aposento.

Clemente   Dente lo que has menester.

Mahometo   Alá te haga contento
                que así me mandas proveer.

Clemente   Gran cuidado
                aquesta carta me ha dado.

Esfuerzo   ¡Esfuerce tu santidad!

Clemente   Digo que estó congojado
                con mucha infelicidad.

Esfuerzo   Di por qué.

Clemente   Eso yo lo callaré,
                pero lee esa cartilla
                y sabrás de nuestra fe
                el Turco cómo la trilla.

Esfuerzo   Ya la he visto.
                ¡Esfuérzate en Jesucristo!

Clemente   ¿No ves qué blasfemias éstas?

Esfuerzo   Ya las he visto y revisto,
                mas él las sacará a cuestas.

Clemente	Como viejo, dime, alférez, tu consejo: ¿Qués en esto lo mejor?
Esfuerzo	Pues que tienes aparejo, llamar al Emperador, y que luego, porque el Turco te da fuego, amenazando a tu tierra, sin tener mucho sosiego venga acá a punto de guerra.
Clemente	Sin mentir me contenta tu decir; llámame al Cursor Mayor, yo le quiero expedir sin enviar embajador.
Esfuerzo	¡Ha, correo! Helo aquí sin más rodeo.
Diligente	¿Qué manda tu santidad?
Clemente	Que vayas en un boleo a su Sacra Majestad.
Diligente	¿Y qué más?
Clemente	En llegando, le darás, con acatamiento y maña estas cartas que verás, el cual reposa en España. Muy aflito

	le escribo este rengloncito, cosa que puedes saber.
Diligente	Aunque me tarde un poquito, plégate de lo leer.
Clemente	«Hijo mío, porque veas el desvarío quel Turco malsín ordena, su carta y la mía te envío, puesto que recibas pena; que, en verdad, de mi propia voluntad tal carta no te escribiera si extrema necesidad en ello no me pusiera. Ya tú sabes cómo Dios me dio sus llaves sin que yo las mereciese y puesto que son süaves, dejallas ya si pudiese. El por qué en breve te lo diré con gran dolor y querella, es porque la santa fe nadie cura defendella; por lo cual aquel vestiglo bestial, tan gran soberbia ha cobrado questá tan colateral que nos resopla ya al lado. Si me viese do nadie no me sintiese alzaría mil alaridos

hasta en tanto que perdiese,
dando voces, mis sentidos.
Su furor,
las figuras del Señor
quema y convierte en cenizas.
Ítem, los templos de honor
trastoca en caballerizas.
Las doncellas
hacen gran vileza en ellas
después las venden en plaza;
los padres y madres dellas,
muy feroz, los despedaza.
Ultra desto,
según verás, está puesto
en llevar a ejecución
mi silla con todo el resto
de la cristiana nación.
Un Golía
que a todos nos desafía;
no hay David para con él,
solo en tu bondad confía
todo el pueblo de Israel.
Por mi amor,
en leyendo este tenor
que, como a hijo te escribo,
a fuer de buen guerreador
pongas el pie en el estribo;
porque espero,
en Dios trino y verdadero
será tu poder bastante
para cobrar por entero
el sepulcro y lo restante.
Más no alargo
sino que otra vez te encargo

        que apresures tu tardanza,
porque me echas gran cargo
y quedo con tu esperanza.
En mi Roma,
tesorera y mayordoma
de nuestra fe y su misterio,
enemiga de Mahoma,
muy amiga de tu imperio.»

Diligente   Bien está.

Clemente   Ora tómala allá,
yo te doy mi bendición.

Esfuerzo   Bien es que se parta ya
sin ninguna dilación.

Diligente   Voyme pues;
señor, yo beso tus pies.

Clemente   Dios enderece tus vías.

Esfuerzo   Si pudieres en un mes
no tardes cuarenta días.

Clemente   Esto es hecho,
pero no estoy satisfecho
hasta ver ya respondido
al Antecristo contrecho
y su cursor despedido.

Esfuerzo   No te mates
que no van muchos quilates
en un hora más o menos,

	cuanto más que sus debates
son como sin rayos truenos.
Clemente	A tu ver,
¿qué será bien responder
a aquél infernal caos?
Esfuerzo	Lo que quisiere poner
en tu boca solo Dios.
Clemente	Pues a Él
me encomiendo como fiel
que favor me quiera dar;
dame acá tinta y papel.
Esfuerzo	Helo aquí.
Clemente	Déjame estar.

Acto IV

(Interlocutores: Esfuerzo, Clemente, Carlo, Diligente.)

Esfuerzo   Muy penoso
queda el Papa y congojoso,
respondiendo a aquella bestia,
bruto soberbio, enojoso,
que le da pena y molestia.
Si yo fuera
Papa, lo que Dios no quiera,
ni tal se diga ni cante,
esto que diré hiciera,
en un trance semejante:
yo llamara
cuantos clérigos hallara,
mancebos sin beneficios,
y con ellos dispensara,
aunque saliera de quicios;
juntamente
dispensara con la gente
juvenil de monasterios,
porque es mucha y suficiente
para ganar mil imperios;
y, también,
si me faltara el argén
por no verme entre dos luces,
de Roma y Jerusalén
tomara cálices, cruces...
Ya chirría
la puerta donde escrebía
el Santo Padre metido;
ya sale con alegría,
bien debe haber concluido.

              Acá viene,
              parece que se detiene;
              quiérome llegar con él,
              sabré si el papel que tiene
              es la respuesta de aquél.
              ¿Qués aqueso?

Clemente   La respuesta del proceso.

Esfuerzo   Mucho descansara en vella.

Clemente   No tengas pena por eso,
              comienza luego a leella.

Esfuerzo   «Nós, Clemente,
              siervo de Dios obediente,
              y de su Hijo precioso,
              respondemos brevemente
              a vos, el Turco furioso,
              y decimos
              que vuestra y leímos,
              toda de blasfemias llena
              con la cual no recebimos
              turbación, miedo ni pena.
              Nuestro estado,
              Dios le tiene tan fundado
              sobre una tan firme piedra
              que jamás está alterado,
              sino verde como yedra.
              Los blasones
              títulos y presunciones
              acá nos mueven tan poco
              que, por abreviar razones,
              dan de vos señas de loco.

Vuestro descripto,
soberbio hecho en su delito,
con furia de gran gigante
se tuvo en lo que a un mosquito
terná un feroz elefante.
Nós tenemos
en corazón y queremos,
sin echarnos a dormir,
con armas, velas y remos
saliros a recebir,
y pensamos
con la razón que llevamos
por ser falso vuestro tema
a doquier que nos veamos
abajaros bien la flema.
Esto baste,
sin que más palabras gaste
do tanta furia resobra,
porque, sin echallo al traste,
lo dicho se pone en obra.
Muy de gana
de nuestra corte romana
so el anillo de san Pedro
donde la Santa Fe mana
y Mahoma vaya riedro.»

Esfuerzo	Está bien, sin gastar mucho almacén.
Clemente	He aquí dó viene el correo.
Esfuerzo	Él llega a muy buen convén, con su gesto de guineo.

Mahometo	¿Escrebiste como, señor, prometiste?
Clemente	Todo está ya despachado, que la prisa que me diste sosegar no me ha dejado. Toma allá la carta, que abierta va, porque no es caso secreto.
Mahometo	Ora, pues, líbrete Alá.
Clemente	Dios te haga su sujeto. Ya deseo la vuelta de mi correo.
Esfuerzo	No puede mucho tardar.
Clemente	Mientra viene de torneo, vámonos a reposar.
Diligente	Gran quebranto es andar deprisa tanto sin descansar ni dormir. De verdad, que yo me espanto cómo lo puedo sufrir; mas en nada tengo la pena pasada, puesto que vengo cansado, pues en fin de mi jornada al gran Carlos soy llegado. Quiero dalle las cartas de muy buen talle antes que más tiempo espere,

	y pies y manos besalle
	lo mejor que yo supiere.
	Gran señor,
	gran César, Emperador,
	augusto Rey de Romanos,
	yo soy del Papa cursor
	y beso tus pies y manos.
	Mi venida
	a tu España muy florida,
	con prisa y fatigas hartas
	no quiero que se me pida,
	pues lo sabrás destas cartas.
	Mira en ellas
	y dame respuesta dellas,
	por palabra o por escrito.
Carlo	Déjame agora leellas
	reposa, espera un poquito.
	Gran tormento
	es, cursor, el que yo siento
	con estas cartas del Papa,
	pero si es contrario el viento,
	poner contraria la capa.
	La respuesta,
	que te doy, cursor, es ésta,
	sin gastar tinta y papel:
	que con gente y lo que resta
	soy allá luego con él.
Diligente	Manda más.
Carlo	Esto solo le dirás
	y vuelve con Dios, amigo.

Diligente   Gran favor, señor, le das;
                 voyme y Dios quede contigo.

Acto V

(Interlocutores: Mahometo, Diligente, Clemente, Carlo, Esfuerzo.)

Diligente
        Satisfecho
        voy con ser hecho mi hecho
        como a mi cargo conviene;
        mas, ¿quién es éste que viene
        a encontrar con mi derecho?

Mahometo
        Bien vengáis.

Diligente
        Norabuena, amigo, vais.
        ¿Dó venís?

Mahometo
        Vengo de Roma.

Diligente
        ¿En cuyo servicio andáis?

Mahometo
        Del Gran Turco y de Mahoma.

Diligente
        Malo es eso.

Mahometo
        Yo por bueno lo confieso,
        que no puede ser mejor.

Diligente
        ¿Quies en paz hablar sobreso,
        cuál sirve a mejor señor?

Mahometo
        Eso es plano;
        pero, si quieres, cristiano,
        cuanto mandares hablemos.

Diligente
        Pues yo tomaré la mano.

Mahometo	Tómala pues, comencemos.
Diligente	Dime, moro, tu Mahoma y tu tesoro, ¿de qué linaje nació?
Mahometo	Todos lo saben de coro que de Ismael descendió.
Diligente	¡Ay te aguardo! Luego, ya es hijo bastardo del linaje de Abraham.
Mahometo	Antes caballero pardo, según dice el Alcorán.
Diligente	Puede ser. ¿Supo oficio?
Mahometo	Mercader, que trataba allá en Egipto.
Diligente	Ese trato, a mi entender nunca fue de hombre bendito. ¿Fue casado?
Mahometo	Casado y amancebado con más de treinta mujeres.
Diligente	Por Dios, mucho lo has honrado con eso que dél refieres. ¿Fue profeta?

Mahometo	Dígalo la palometa
que all oreja le inspiraba.
Diligente	Así goces de tu secta,
que digas qué profetaba.
Mahometo	Ten aviso;
profetizó cuanto quiso
por gracia de Espíritu Santo;
díjonos del paraíso
y del infierno otro tanto.
Diligente	¿Qué decía?
Mahometo	Quel moro que bien vivía
Alá se andaba con él.
Diligente	Después, ¿qué le prometía?
Mahometo	Mozas vírgenes y miel.
Diligente	Bueno va:
luego si comen allá
y gozan mozas gentiles
sus necesarias habrá,
como otros actos ceviles:
el comer
sin hambre no da placer.
Mahometo	Eso por razón se alcanza.
Diligente	Luego, si hambre ha de haber,
no habrá bienaventuranza.
Más diría,

	pero nunca acabaría.
Mahometo	¿Que dirás de las doncellas?
Diligente	Que habrá muy gran putería si siempre corrompen dellas.
Mahometo	No sé nada.
Diligente	Dime, ¿la que fue casada, no terná pena y gemido desque vea la desdichada con otras a su marido?
Mahometo	Alá sabe.
Diligente	Dime, ¿en qué cabeza cabe que viviendo ley porcuna sin padecer cosa grave gocéis de gloria ninguna?
Mahometo	La ley nuestra nos lo promete y lo muestra, que es de mucha autoridad, que fue escrita con la diestra del profeta Mahomad.
Diligente	¿Dó murió ése que tal ley os dio?
Mahometo	En la gran ciudad de Meca.
Diligente	¿Qué milagros allá obró?

Mahometo	Ninguno, ques tierra seca.
Diligente	¡Gran profano!
Mahometo	Tú, que vives muy ufano, ¿dó nació Cristo, tu bien?
Diligente	Eso está muy claro y llano, que de virgen y en Belén.
Mahometo	Da acá pruebas pues que de su fe te cebas.
Diligente	Puédote dar más dun cuento.
Mahometo	Dime algunas cosas nuevas: ¿que hizo en su nacimiento?
Diligente	No lo ignores, la noche dio resplandores, ángeles Gloria cantaron, adoráronle pastores, los reyes se le inclinaron.
Mahometo	Di su vida.
Diligente	Fue muy sancta y muy subida, resucitó muchos muertos, dionos ley santa y medida, ayunó por los desiertos.
Mahometo	¿Cómo callas, entre estas cosas que rallas, que los judíos le mataron,

| | y, sobre sus vestuallas,
entrellos suertes echaron? |
|---|---|
| Diligente | No lo callo,
pues para más confirmallo
que era Dios el que murió
el Sol quiso declarallo,
porque luego se eclipsó.
Tremió el mundo,
abriose el limbo profundo,
los santos padres sacó,
resucitó sin segundo,
después, al cielo subió. |
| Mahometo | No creo tal. |
| Diligente | Pues créelo, moro bestial,
que llevas muy mal sendero. |
| Mahometo | Tú puedes hablar en ál. |
| Diligente | Yo hablo en lo verdadero. |
| Mahometo | Por demás,
es amigo tu tras tras.
Alaba bien tus agujas,
que, desque muerto, sabrás
si en vida me sobrepujas.
Vey qué mandas
porque yo voy en voladas,
que me espera el Gran Turquí. |
| Diligente | Que Dios te guarde donde andas. |

Mahometo	Eso mismo haga a ti.
Diligente	Espantado me deja y maravillado. ¡Cuán firme vive en su seta aquel perverso malvado, siervo del falso profeta! Mas, ¡andar! su pago habrá de llevar, según Dios lo va ordenando. Cerca estó, quiero llegar, quel Papa me está esperando. Gran señor, beso tus pies con honor.
Clemente	Cursor, tú seas bienvenido; ¿qué hace el Emperador?
Diligente	Venir camino seguido. Recibió tus cartas y las leyó.
Clemente	¿Qué repuso?
Diligente	Que sería tan aína y más que yo en Roma por recta vía.
Esfuerzo	Escuchad, veis aquí su Majestad, acá viene enderezado.
Carlo	Déme el pie tu santidad.

Clemente	Hijo, tú seas bien llegado. ¡Sus, levanta! Para ti no hay pie ni planta, yo te doy mi bendición.
Carlo	Y a tu persona muy santa Dios le dé consolación. Ya yo sé deste cursor que allá fue, por las cartas que me dio qué tal anda nuestra fe y lo quel Turco escribió. Soy llegado como ves, aparejado para cuanto me mandares.
Clemente	Dios te conserve el estado por tierras, islas y mares. Al escrito que yo te envié me remito: ¡cuánta congoja pasaba con lo quel Turco maldito en su carta blasonaba! Mas, pues quieres con tu persona y haberes venirme a favorecer no tengo en dos alfileres al Turco ni a su poder. Cuánto más que con el ejemplo que das, tras ti verná el portugués y el inglés, como verás, y podrá ser que el francés.

Carlo	Calla padre, que, puesto que el Turco ladre con su carta y con sus fieros, yo me ofrezco, por mi madre, de quebralle los corneros.
Clemente	Tu denuedo me ha quitado todo el miedo y mi tristura y cuidado, porque pienso que eres dedo de mano de Dios enviado. Tus mayores, césares y antecesores de cuya línea tú vienes tuvieron contra traidores la misma gana que tienes.
Carlo	Dilación me parece a la sazón muy dañosa y sin provecho.
Clemente	Pues dé primero un pregón, porque parta satisfecho. Diga así: «Yo concedo desde aquí remisión de sus pecados a cuantos fueren tras mí contra los turcos malvados.»
Esfuerzo	Esto basta.
Carlo	Vamos, quel tiempo se gasta, sin prolongar más razones.

Esfuerzo	Contra tan maligna casta alcemos nuestros pendones.
Carlo	Pater sancte, tu pendón vaya adelante.
Clemente	¡Mas vayan juntos entrambos!
Esfuerzo	Un villancico se cante.
Carlo	Alto pues, todos digamos.

Villancico.

    Florezca la fe,
perezca Mahoma,
sublímese Roma.

    Razón nos convida,
con brazos de acero,
poner al tablero,
por la fe la vida:
de aquesta partida
perezca Mahoma,
sublímese Roma.

    De turcos paganos
no quede memoria,
florezca la gloria
de nuestros cristianos:
con fuerza de manos
ensálcese Roma,
perezca Mahoma.

Morir en tal guerra
llevando buen celo
es ir de la tierra
derechos al cielo:
perezca del suelo
la ley de Mahoma,
sublímese Roma.

Fin de la farsa

Libros a la carta
A la carta es un servicio especializado para
empresas,
librerías,
bibliotecas,
editoriales
y centros de enseñanza;
y permite confeccionar libros que, por su formato y concepción, sirven a los propósitos más específicos de estas instituciones.
Las empresas nos encargan ediciones personalizadas para marketing editorial o para regalos institucionales. Y los interesados solicitan, a título personal, ediciones antiguas, o no disponibles en el mercado; y las acompañan con notas y comentarios críticos.
Las ediciones tienen como apoyo un libro de estilo con todo tipo de referencias sobre los criterios de tratamiento tipográfico aplicados a nuestros libros que puede ser consultado en Linkgua-ediciones.com .
Linkgua edita por encargo diferentes versiones de una misma obra con distintos tratamientos ortotipográficos (actualizaciones de carácter divulgativo de un clásico, o versiones estrictamente fieles a la edición original de referencia).
Este servicio de ediciones a la carta le permitirá, si usted se dedica a la enseñanza, tener una forma de hacer pública su interpretación de un texto y, sobre una versión digitalizada «base», usted podrá introducir interpretaciones del texto fuente. Es un tópico que los profesores denuncien en clase los desmanes de una edición, o vayan comentando errores de interpretación de un texto y esta es una solución útil a esa necesidad del mundo académico.
Asimismo publicamos de manera sistemática, en un mismo catálogo, tesis doctorales y actas de congresos académicos, que son distribuidas a través de nuestra Web.
El servicio de «libros a la carta» funciona de dos formas.
1. Tenemos un fondo de libros digitalizados que usted puede personalizar en tiradas de al menos cinco ejemplares. Estas personalizaciones pueden ser de todo tipo: añadir notas de clase para uso de un grupo de estudian-

tes, introducir logos corporativos para uso con fines de marketing empresarial, etc. etc.
2. Buscamos libros descatalogados de otras editoriales y los reeditamos en tiradas cortas a petición de un cliente.

www.ingramcontent.com/pod-product-compliance
Lightning Source LLC
Chambersburg PA
CBHW031504040426
42444CB00007B/1202